Pamiatky a príroda

 Monuments and Nature

 Denkmäler und Natur

 Monuments et nature

 Monumentos y naturaleza

 Monumenti e natura

SLOV

VLADIMÍR BÁRTA

abARTpress

Spišská Kapitula

Zuberec

 Pamiatky a príroda

 Monuments and Nature

Denkmäler und Natur

Monuments et nature

Monumentos y naturaleza

Monumenti e natura

Devín

Vysoké Tatry

©

Vladimír Barta:

SLOVENSKO
pamiatky a príroda

———————

Námet, zostava, text:
Vladimír Barta
Fotografie:
Vladimír Barta
Vladimír Barta mladší
Fotografia na obálke:
Vladimír Barta mladší
Technický redaktor:
Pavol Chrenka
Prebal navrhol:
Vladimír Barta mladší
Tlač:
Východoslovenské tlačiarne, a.s. Košice
Inv. číslo: 970803 - 17

Vydal:
AB ART press
nakladateľstvo a vydavateľstvo
Mládežnícka 36
974 01 Banská Bystrica
Slovensko

———————

tel.: 088 / 735 024, 732541-3
fax: 088 / 735 024

ISBN 80-88817-09-9
EAN 9788088817093

SLOVENSKO, neveľká krajina v srdci Európy. Rozložená od úrodných rovín pri mod-rom Dunaji až po vyše dvetisíc metrov vysoké štíty najmenších veľhôr na svete – Vy-sokých Tatier. Od najstarších čias križovali túto krajinu cesty vojenské i obchodné. Dokazujú to mnohé archeologické nálezy.

Zrúcaniny hradov Devín a Nitra pripomínajú slávnu ríšu Veľkomoravskú i rané časy európskeho kresťanstva.

Pamiatky z kameňa, hliny i dreva sú roztrúsené po celom území. Sú svedkami dáv-nej minulosti a kultúry ľudí, ktorí tu žili. Niektoré z nich predstavujeme v tejto publi-kácii.

Zrúcaniny hradov i pamätihodnosti stredovekých miest dopĺňajú fotografie sloven-skej krajiny. Vrchy, doliny, vodopády i jazerá, tajuplné jaskyne, archeologické loka-lity, zrúcaniny hradov, zámky, kaštiele, chrámy, stredoveké mestá, rezervácie ľudo-vej architektúry, to je Slovensko, to je jedinečná klenotnica hodnôt a krás.

Veríme, že táto rozsahom neveľká kniha bude vhodným sprievodcom všetkých, ktorí chcú spoznávať pôvabnú krajinu v srdci Európy – čarokrásne SLOVENSKO.

Rozloha: 49 030 km²
Počet obyvateľov: 5 324 632
Priemerná hustota obyvateľstva: 108/km²
Národnosti: slovenská 85,71 %, maďarská 10,65 %, česká 1,06 %
Náboženstvo: rímsko-katolícke 60,4 %, evanjelické a. v. 6,2 %
Hlavné mesto: Bratislava 447 833 obyvateľov

SLOVAKIA, a small, landlocked country in the heart of Europe, stretches impressi-vely from the fertile lowlands of the Danube River Valley in the south-west to the 8,000-feet-high peaks of the smallest of the high mountains of the world – the High Tatras in the north-east.

Since ancient times the country was criss-crossed by military and merchant roads, evidenced by many archeological discoveries. The ruins of Devín Castle on the Austrian border, and Nitra Castle in the south-west of Slovakia commemorate the Greater Moravian Realm and the early times of European Christianity. Architectural artifacts of stones, bricks, earth and wood are scattered all over this attractive country. They are witness to the ancient history and to the people who lived here. Some of them are introduced to the readers in this publication.

Accounts of the castles, either in ruins or preserved, on apparently inaccessible mountain crags, manor houses, churches and other memorials of historic towns are supplemented by the photographs of the Slovak countryside of massive mountain peaks and dense forests, rolling plains and fertile valleys, rushing waterfalls, powerful rivers and placid lakes, and mysterious caves as well as important archeological sites. We believe and hope that this booklet will be your inspiration and guide to your travels over our beautiful country.

Area: 49,030 km²
Population: 5,324,632
Population density: 108/km²
Nationalities: Slovak 85.71 %, Hungarian 10.65 %, Czech 1.06 %
Religion: Roman-Catholic 60.4 %, Evangelic A. c. 6.2 %
Capital: Bratislava 447,833

Die SLOWAKEI, ein kleines Land im Herzen Europas. Sie ist in malerische Landschaften untergliedert: von fruchtbaren Niederungen an der Donau bis zu den zweitausend Meter hohen Gipfeln des kleinsten Hochgebirges der Welt – der Hohen Tatra. Von ältesten Zeiten an durchkreuzten dieses Gebiet Heeres- und Handelswege. Dies wird durch viele archäologische Funde nachgewiesen. Die Ruinen der Burg Devin an der österreichischen Grenze sowie die Burg Nitra sind Denkmäler des Großmährischen Reiches sowie des frühen europäischen Christentums.

Denkmäler aus Stein, Ziegelsteinen, Ton und Holz sind über das ganze Gebiet dieses malerischen Landes verstreut. Sie sind Zeugen seiner uralten Vergangenheit und Kultur der Menschen, die hier lebten. Wir stellen Ihnen, liebe Leser, einige davon in dieser Publikation vor.

Die Ruinen der Burgen, Schlösser, Herrenhäuser, Heiligtümer und Denkmäler der historischen Orte ergänzen Fotografien der slowakischen Landschaft, die malerisch und gebirgsreich ist. Gipfel, Täler, Wasserfälle und Seen, geheimnisvolle Höhlen, archäologische Lokalitäten, Burgen, Schlösser, Gotteshäuser, Reservationen der volkstümlichen Architektur, mittelalterliche Städte, das ist die Slowakei, ein einzigartiges Schatzkästlein voller Werte und Schönheiten.

Fläche: 49 030 km²
Einwohnerzahl: 5 268 935
Bevölkerungsdichte: 108/km²
Nationalitäten: Slowaken 85,6 %, Ungarn 10,65 %, Tschechen 1,1 %
Religionen: römisch-katholisch 60,4 %, evangelisch (a.B.) 6,2 %
Hauptstadt: Bratislava (447 833 Einwohner)

La Slovaquie, un pays de supreficie moyenne au coeur de l'Europe, s'étend des plaines du Danube bleu jusqu'aux montagnes des Hautes Tatras. Depuis toujours il a été sillonné par des voies militaires et commerciales qu'attestent nombreuses découvertes archéologiques. Les ruines des châteaux de Devin et de Nitra rappellent le célèbre royaume de Grande Moravie et le début du christianisme européen.

On trouve des ouvrages en pierre, en terre et aussi en bois à travers tout le territoire. Ils sont témoins de l'ancien passé et de la culture des gens qui y vivaient. Certains sont présentés dans cette publication.

Des photographies de ruines de châteaux et de cités médiévales alternent avec des photographies de paysages slovaques. Des montagnes, des vallées, des cascades et des lacs, des grottes mystérieuses, des sites archéologiques, des ruines de châteaux-forts, des châteaux, des palais, des cathédrales, des villes médiévales, des réserves de l'architecture populaire, tout cela c'est la Slovaquie, tout cela constitue un patrimoine unique de richesse et de trésors.

Nous espérons que cette publication sera un bon guide pour tous ceux qui souhaitent connaître un pays charmant au coeur de l'Europe – la Slovaquie.

Superficie : 49 030 km²
Nombre d'habitants : 5 324 632
Densité moyenne de population : 108/km²
Nationalités : slovaque 85,71 %, hongroise 10,65 %, tchèque 1,06 %
Religion : catholique-romaine 60,4 %, protestante 6,2 %
Capitale : Bratislava

Eslovaquia, un país no muy grande en el corazón de Europa. En él se extienden desde las fértiles llanuras al lado del Danubio azul, hasta los picos altos más de dos mil metros de las más pequeñas altas montañas del mundo – los Altos Tatras. Desde los tiempos más viejos este país cruzaban los caminos militares y comerciales. Lo comprueban muchos hallazgos arqueológicos.

Las ruinas de los castillos Devín y Nitra recuerdan el famoso Imperio de la Gran Moravia y los tiempos tempranos de la cristianidad europea.

Los objetos de recuerdo de piedra, arcilla y madera están extendidos por todo el territorio. Son testimonios del pasado antiguo y de la cultura de la gente, que vivía aquí. Algunos de ellos presentamos en este libro.

Las ruinas de los castillos y los monumentos de las ciudades medievales completan las fotografías del paisaje eslovaco. Montes, valles, cataratas y lagos, grutas misteriosas, localidades arqueológicas, ruinas de los castillos, palacios, iglesias, ciudades medievales, parques naturales de la arquitectura popular, eso es Eslovaquia, eso es un tesoro extraordinario de valores y bellezas.

Creemos que este libro con extensión no muy grande será un guía adecuado para todos que quieren conocer un país encantador en el corazón de Europa – una Eslovaquia fascinante.

Superficie: 49 030 km²
Número de habitantes: 5 324 632
Densidad media de la población: 108/km²
Nacionalidades: eslovaca 85,71 %, húngara 10,65 %, checa 1,06 %
Religión: católica romana 60,4 %, protestante 6,2 %
Capital: Bratislava 447 833 habitantes

La Slovacchia é un paese non grande, situato nel cuore d'Europa. Si estende dalla fertile pianura del „blú Danubio" fino ad una fra le meno estese catene montuose del mondo, che pur tuttavia vanta vette alte piú di 2.000 metri – gli Alti Tatra. Sin dai tempi piú antichi questo paese é stato attraversato da orde di legioni militari e mercanti, che hanno lasciato molte testimonianze archeologiche.

Le rovine dei castelli di Devín e Nitra riportano alla memoria il regno della Grande Moravia e il primo periodo della cristianitá in Europa.

Monumenti in pietra, argilla e legno sono sparsi sopra tutto il territorio. Sono i testimoni di un lontano passato e della cultura delle genti che qui hanno vissuto.

In questa pubblicazione cerchiamo di presentare alcuni di essi. Le fotografie di rovine di castelli e centri storici medioevali sono integrate da quelle del paesaggio slovacco.

Cime montuose, valli, cascate e laghi, grotte misteriose, localitá archeologiche, rovine di castelli, fortezze, case signorili, chiese, cittá medioevali, musei all'aperto di architettura abitativa, questa é la Slovacchia, questo é il gioiello di un valore e una bellezza unici.

Dimensioni: 49.039 km²
Numero degli abitanti: 5.324.632
Densitá media: 108/km²
Nazionalitá: slovacca 85,71 %, ungherese 10,65 %, ceca 1,06 %
Religione: cattolico-romana 60,4 %, evangelica 6,2
Capitale: Bratislava 447.833 abitanti

SK Bratislava, panoráma mesta
GB Bratislava, panorama of the city
D Bratislava, Panorama der Stadt

F Bratislava, panorama de la ville
E Bratislava, panorama de la ciudad
I Bratislava, panorama della città

(SK) Bratislava, pohľad z hradu
(GB) Bratislava, the view from the castle
(D) Bratislava, Blick von der Burg

(F) Bratislava, vue du château
(E) Bratislava, vista del castillo
(I) Bratislava, veduta dal castello

(SK) Bratislava, Hlavné námestie – srdce starého mesta

(GB) Bratislava, the Main Square – the heart of the old town

(D) Bratislava, der Hauptplatz, das Herz der Altstadt

(F) Bratislava, la place principale – le coeur de la vieille ville

(E) Bratislava, plaza mayor – corazón de la ciudad antigua

(I) Bratislava, la piazza principale – cuore della citta vecchia

(SK) Bratislava, Slovenské národné divadlo
(GB) Bratislava, the Slovak National Theatre
(D) Bratislava, Slowakisches Nationaltheater

(F) Bratislava, le Théâtre National Slovaque
(E) Bratislava, Teatro Nacional Eslovaco
(I) Bratislava, il Teatro Nazionale Slovacco

SK Malé Karpaty, najzápadnejšie slovenské pohorie

GB The Little Carpathians, the westernmost Slovak range of mountains

D Die Kleinen Karpaten, das westlichste slowakische Gebirge

F Malé Karpaty, chaîne de montagnes de Slovaquie Occidentale

E Pequeños Cárpatos, las montañas eslovacas más occidentales

I Malé Karpaty, catena muntuosa della Slovacchia Occidentale

Plavecký Peter

Veľké Leváre

Červený Kameň

Bytča

SK Veľký Lel, prírodná rezervácia pri Dunaji

GB Veľký Lel, the nature reserve by the Danube

D Veľký Lel, Naturschutzgebiet an der Donau

F Veľký Lel, réserve naturelle sur le Danube

E Veľký Lel, parque natural al lado del Danubio

I Veľký Lel, riserva naturale presso il Danubio

ⓈⓀ Hronský Beňadik, opevnený kostol a kláštor (14. st.)

ⒼⒷ Hronský Beňadik, the fortified church and monastery (14th cent.)

Ⓓ Hronský Beňadik, Klosterfestung mit Kirche (14. Jh.)

Ⓕ Hronský Beňadik, l'église fortifiée et le monastère (14ᵉ siècle)

Ⓔ Hronský Beňadik, iglesia con obras de fortificación y monasterio (siglo XIV)

Ⓘ Hronský Beňadik, la chiesa fortificata e il monastero (XIV sec.)

(SK) Sebechleby, svojrázna vinohradnícka osada
(GB) Sebechleby, the unique vineyard settlement
(D) Sebechleby, eigentümliche Weingemeinde

(F) Sebechleby, un village viticole original
(E) Sebechleby, poblado vinífero típico
(I) Sebechleby, caratteristico villaggio vinicolo

SK Sitno, najvyšší vrch v Štiavnických horách (1009 m) a chránené územie

GB Sitno, the highest hill (1,009 m) in the Štiavnica Hills and a protected landscape area

D Sitno, der höchste der Štiavnicer Berge (1009 m) und ein Naturschutzgebiet

F Sitno, la plus haute montagne des Štiavnické hory (1009 m) et la réserve

E Sitno, el monte más alto en las Montañas de Štiavnica (1009 m) y zona protegida

I Sitno, la più alta montagna degli Štiavnické Hory (1009 m) e la riserva naturale

SK Zvolen, hrad s expozíciou Slovenskej národnej galérie
GB Zvolen, the castle with exhibitions from the Slovak National Gallery
D Zvolen, Burg mit Ausstellungen der Slowakischen Nationalgalerie
F Zvolen, le château qui abrite l'exposition de la Galerie Nationale Slovaque
E Zvolen, castillo con una exposición de la Galería Nacional Eslovaca
I Zvolen, il castello che ospita l'esposizione della Galleria Nazionale Slovacca

SK Hronsek, drevený kostol z 18. stor.
GB Hronsek, the wooden church dating back to the 18th century
D Hronsek, Holzkirche aus dem 18. Jahrhundert
F Hronsek, l'église en bois du 18e siècle
E Hronsek, iglesia de madera del siglo XVIII
I Hronsek, la chiesa di legno del XVIII sec.

SK Bojnice, najnavštevovanejší slovenský zámok

GB Bojnice, the most visited château in Slovakia

D Bojnice, das meistbesuchte slowakische Schloß

F Bojnice, le château le plus visité de Slovaquie

E Bojnice, el más visitado castillo eslovaco

I Bojnice, il castello più visitato della Slovacchia

SK Ponitrie, chránené územie s rezerváciou zub-
rov

GB Ponitrie, a protected landscape area with a re-
servation for European bisons

D Ponitrie, Naturschutzgebiet mit einem Aue-
rochsengehege

F Le pays de la vallée de Nitra avec la réserve
des aurochs

E Ponitrie, zona protegida con un parque natu-
ral de los uros

I Ponitrie, territorio protetto, riserva naturale
per i bisonti

(SK) Šaštín, kostol a kláštor
(GB) Šaštín, the church and monastery
(D) Šaštín, Kirche und Kloster

(F) Šaštín, église et monastère
(E) Šaštín, iglesia y monasterio
(I) Šaštín, chiesa e monastero

SK Moravany, pamätník z Veľkomoravskej ríše (9. st.)

GB Moravany, the monument dating back to the Great Moravian Empire (9th cent.)

D Moravany, historischer Ort des Großmährischen Reiches (9. Jh.)

F Moravany, monument du royaume de Grande Moravie (9ᵉ siècle)

E Moravany, monumento del Imperio de la Gran Moravia (siglo IX)

I Moravany, monumento risalente al periodo del regno della Grande Moravia (IX sec.)

Strečno

Čičmany

Liptovský Hrádok

Ružomberok

ⓈⓀ Trnava, arcibiskupský kostol

ⒼⒷ Trnava, the archbishop church

Ⓓ Trnava, Erzbischofskirche

Ⓕ Trnava, l'église archiépiscopale

Ⓔ Trnava, iglesia arzobispal

Ⓘ Trnava, la chiesa arcivescovile

(SK) Lednica, hrad na strmom brale

(GB) Lednica, the castle on the steep cliff

(D) Lednica, Burg auf einem steilen Felsen

(F) Lednica, le château sur le rocher

(E) Lednica, castillo en una roca empinada

(I) Lednica, il castello appolaiato sulla roccia

Ⓢ Manínska úžina, chránené územie
ⒼⒷ The Manín gorge, a protected landscape area
Ⓓ Manínska úžina, Naturschutzgebiet

Ⓕ La réserve de la gorge du Manin
Ⓔ Estrecho de Manín, zona protegida
Ⓘ La riserva naturale della gola di Manin

(SK) Martin, Múzeum slovenskej dediny
(GB) Martin, the museum of a Slovak village
(D) Martin, das Slowakische Dorfmuseum

(F) Martin, musée du village slovaque
(E) Martin, Museo del Pueblo Eslovaco
(I) Martin, museo del villaggio slovacco

SK Beckov, zrúcaniny hradu na Považí
GB Beckov, the ruins of the castle in the Váh river valley
D Beckov, Burgruine am Fluß Váh
F Beckov, ruines du château sur la rivière Váh
E Beckov, ruinas del castillo al lado del río Váh
I Beckov, rovine del castello nella regione del fiume Váh

 Žilina, Mariánske námestie
Žilina, Marian Square
Žilina, Marien-Platz

Ⓕ Žilina, place Mariánske Námestie
Ⓔ Žilina, plaza Mariana
Ⓘ Žilina, piazza Mariánske Námestie

(SK) Malá Fatra, jeden z národných parkov na Slovensku

(GB) The Small Fatra, one of the National Parks in Slovakia

(D) Die Kleine Fatra, Nationalpark der Slowakei

(F) Malá Fatra, un des parks nationaux en Slovaquie

(E) Pequeña Fatra, uno de los parques nacionales en Eslovaquia

(I) Malá Fatra, uno dei parchi nazionali della Slovacchia

SK Šútovský vodopád (38 m) v Malej Fatre

GB The Šútov waterfall (38 m in depth) in the Small Fatra

D Šutovský Wasserfall (38 m) in der Kleinen Fatra

F La chute d'eau de Šutov (38m) à Malá Fatra

E Catarata de Šutov (38 m) en la Pequeña Fatra

I La cascata di Šútov (38 m) nei Piccoli Fatra

SK Oravský hrad, postavený na 112 m vysokom brale

GB Orava Castle, built on a steep cliff 112 m high

D Oravaer Burg, errichtet auf einem 112 m hohen Felsen

F Château d'Orava construit sur un rocher de 112 m

E Castillo de Orava, construído en una roca alta 112 m

I Castello di Orava, costruito su un massiccio roccioso (112m)

(SK) Liptovská Mara, priehrada na Váhu
(GB) Liptovská Mara, the dam on the river Váh
(D) Liptovská Mara, Talsperre am Fluß Váh

(F) Liptovská Mara, barrage sur le Váh
(E) Liptovská Mara, represa en el río Váh
(I) Liptovska Mara, diga sul Váh

(SK) Vlkolínec, rezervácia ľudovej architektúry (UNESCO)

(GB) Vlkolínec, the folk architecture preservation area (UNESCO)

(D) Vlkolínec, UNESCO-Reservat der Volksarchitektur

(F) Vlkolínec, réserve de l'architecture populaire

(E) Vlkolinec, parque natural de la arquitectura popular (UNESCO)

(I) Vlkolínec, museo all'aperto della casa slovacca

Košice

Osturňa

Stará Ľubovňa

Šomoška

- (SK) Banská Bystrica, Námestie Slovenského národného povstania
- (GB) Banská Bystrica, the Square of the Slovak National Uprising
- (D) Banská Bystrica, Platz des Slowakischen Nationalaufstandes
- (F) Banská Bystrica, place de l'Insurrection Nationale Slovaque
- (E) Banská Bystrica, Plaza de la Insurrección Nacional Eslovaca
- (I) Banská Bystrica, piazza dell'Insurrezione Nazionale Slovacca

SK Donovaly, horská obec (960 m)
GB Donovaly, a mountainous village (960 m)
D Donovaly, typisches Bergdorf (960 m)
F Donovaly, un village de montagne (960 m)
E Donovaly, pueblo montañoso (960 m)
I Donovaly, villaggio montano (960 m)

SK Važecká jaskyňa v Nízkych Tatrách
GB Važec cave in the Low Tatras
D Važecer Tropfsteinhöhle in der Niederen Tatra

F La grotte Važecká dans les Basses Tatras
E Gruta de Važec en los Bajos Tatras
I La grotta Važecká nei Bassi Tatra

(SK) Poľana, chránené územie
(GB) The Poľana, protected landscape area
(D) Poľana, Naturschutzgebiet

(F) Poľana, un site protégé
(E) Poľana, zona protegida
(I) Poľana, territorio protetto

(SK) Čierny Balog, úzkokoľajná lesná železnička
(GB) Čierny Balog, the narrow-gauge forest railway line
(D) Čierny Balog, Schmalspurbahn im Wald

(F) Čierny Balog, chemin de fer à voie étroite
(E) Čierny Balog, pequeño ferrocarril de bosque en una vía estrecha
(I) Čierny Balog, ferrovia a scartamento ridotto nella foresta

SK Nízke Tatry v zimnom rúchu
GB The Low Tatras, in winter dress
D Die Niedere Tatra im Wintergewand

F Les Basses Tatras en habit d'hiver
E Los Bajos Tatras en ropaje invernal
I I Bassi Tatra in inverno

(SK) Štítnik, gotický kostol zo 14. st.
(GB) Štítnik, the Gothic church dating back to the
14th century
(D) Štítnik, gotische Kirche aus dem 14. Jahr-
hundert

(F) Štítnik, église gothique du 14ᵉ siècle
(E) Štítnik, iglesia gótica del siglo XIV
(I) Štítnik, chiesa gotica del XIV sec.

SK Jasov, kostol a kláštor so vzácnou knižnicou
GB Jasov, the church and monastery with a valuable library
D Jasov, Kirche und Kloster mit einer wertvollen Bibliothek
F Jasov, église et monastère avec sa riche bibliothèque
E Jasov, iglesia y monasterio con una biblioteca extraordinaria
I Jasov, chiesa e monastero con la preziosa biblioteca

(SK) Slovenský raj, národný park
(GB) The Slovak Paradise, National Park
(D) Nationalpark „Slowakisches Paradies"

(F) Le Paradis Slovaque, parc national
(E) Paraíso Eslovaco, parque nacional
(I) Il Paradiso Slovacco, parco nazionale

SK Spišský hrad, zapísaný medzi svetové pamiatky (UNESCO)

GB Spiš Castle, part of UNESCO world cultural heritage

D Zipser Burg, eingetragen in die Liste der UNESCO-Weltkulturdenkmäler

F Le château de Spiš, inscrit sur la liste de l'UNESCO

E Castillo de Spiš, inscrito entre los monumentos mundiales UNESCO

I Il Castello di Spiš, iscritto tra i monumenti mondiali patrocinati dall'UNESCO

Spišská Sobota

Kežmarok

Levoča

Betliar

SK Kriváň, najkrajší slovenský vrch
GB Kriváň, the most beautiful Slovak mountain
D Kriváň, der schönste Berg der Slowakei
F Kriváň, la plus belle montagne de Slovaquie
E Kriváň, la más hermosa montaña eslovaca
I Kriváň, la più bella montagna della Slovacchia

SK Ždiar, rázovitá obec v Belianskych Tatrách
GB Ždiar, a typical village in the Belanské Tatras
D Ždiar, einzigartiges Dorf in der Belianer Tatra
F Ždiar, village typique des Belianske Tatry
E Ždiar, pueblo típico en los Tatras de Belany
I Ždiar, tipico villaggio nei Belianske Tatry

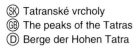 Tatranské vrcholy
(GB) The peaks of the Tatras
(D) Berge der Hohen Tatra

(F) Les sommets des Tatras
(E) Picos de Tatras
(I) Le vette dei Tatra

SK Podolínec, mestská pamiatková rezervácia
GB Podolínec, an urban preservation area
D Podolínec, Stadt unter Denkmalschutz

F Podolínec, réserve des monuments urbains
E Podolínec, parque natural municipal de monumentos
I Podolínec, area monumentale cittadina protetta

(SK) Morské oko – oáza ticha
(GB) Morské oko – an oasis of peace
(D) Meeresauge – eine Oase der Stille

(F) Morské oko – une oasis de silence
(E) Ojo Marítimo – una oasis del silencio
(I) Morské oko – oasi di silenzio

(SK) Miroľa, jeden z drevených východosloven-
ských kostolov

(GB) Miroľa, the wooden church in East Slovakia

(D) Miroľa, eine der ostslowakischen Holzkirchen

(F) Miroľa, église en bois de Slovaquie Orientale

(E) Miroľa, una de las iglesias de madera en
Eslovaquia oriental

(I) Miroľa, chiesa di legno nella Slovacchia orien-
tale

SK Humenné, Múzeum ľudovej architektúry a bývania

GB Humenné, the museum of folk architecture and home furnishing

D Humenné, Museum der Volksarchitektur und Wohnkultur

F Humenné, musée de l'architecture et de l'habitat populaire

E Humenné, Museo de la Arquitectura y Vivienda Popular

I Humenné, museo di architettura abitativa e dell'abitazione

Bardejov

Ždiar

199